Ulrike Eifler
Lebensstürme

Gedichte

Gegen die Infamitäten des Lebens sind die besten Waffen Tapferkeit, Eigensinn und Geduld. Die Tapferkeit stärkt. Der Eigensinn macht stark und die Geduld gibt Ruhe.

(Hermann Hesse)

Herstellung und Verlag:
Books on Demand GmbH, Norderstedt
ISBN 978-3-8423-3878-4

Coming out

Soll ich wieder anfangen das Leben zu dichten,
um meine geschundene Seele daran auszurichten?
Soll ich mit Silben und Wörtern jonglieren,
um mein Ungleichgewicht auszutarieren?
Soll ich mich umständlich in die Verse schleichen,
um meine Gefühle neu zu eichen?
Soll ich mich schutzlos den Lesern schenken,
um mich schmerzvoll einzurenken?
Soll ich die Pfeile in den Köcher stecken
und mir die noch blutenden Wunden lecken?
Soll ich Einblick in das Tiefste gewähren,
um einmal innerlich aufzubegehren?
Soll ich mich völlig nackt postieren,
um Balance und Kummer neu zu justieren?
Soll ich mich ausziehen, entblößen, endlich schreien,
um die Ketten zu sprengen und mich zu befreien?
Soll ich mich auf das offene Feld begeben,
um den Schmerz in der Brust preiszugeben?

Ich kann nichts anderes tun als das,
sonst bleib ich unsicher, unerfüllt, blass.
Will ich nicht innerlich an mir selbst verbrennen,
muss ich dem offenen Feuer entgegen rennen.
Will ich nicht ohnmächtig werden vor Schmerz,
muss ich die klaffende Wunde am Herz
endlich zunähen und verbinden
und den Mut und die Ruhe finden,
meine geprellte Seele in Verse einzufassen
und mich auf alte und neue Kratzer einzulassen.

Wilder Apfelbaum

Ich liebe den alten Apfelbaum,
der unbeschnitten und wild wachsend im Garten steht,
in dessen riesigem Blätterraum
ich durchatmen kann, ohne dass die Zeit vergeht.

Die wettergegerbte und vernarbte Rinde
erzählt Geschichten und macht ihn von außen rau.
Ich spür die Verletztheit und winde
mich an allem, was ich nur schwer verdau.

Wenn ein Sturm ihm peitschend ins Geäst fährt,
stemmt er sich mit aller Kraft wütend dagegen.
Ich möchte ihn stützen und mich vermehrt
in den Rhythmen des Lebens gemeinsam bewegen.

Der Herbst wirft sein sattes Abendlicht
und taucht ihn in einen warmen Schatten.
Still schweigend genieße ich die Aussicht
und möchte fühlen, ohne dabei zu ermatten.

Strahlender Wintertag

Die tiefe Morgensonne wirft lange Schatten,
an denen sich die Strahlen wunderschön brechen.
Ich seh meinem Atem nach und die matten
Nebelschleier verlieren sich in großen Flächen.
Der Himmel hängt endlos bis zum Horizont,
kein Wölkchen stört das satte Blau.
Die Sonne scheint frei und hüllt gekonnt
ihr warmes Licht um das kalte Grau.
Gefrorener Schnee knirscht unter meinen Füßen,
das Eis der Pfützen kracht laut in die Stille.
Ich seh die Eisblumen an den Fenstern sprießen
und betrachte ganz schweigsam die Idylle.

Sehnsucht

In mir brennt eine Sehnsucht nach deinem Lachen,
das du an mich und wegen mir verschenkst,
eine Sehnsucht nach deinem Gedankenmachen
und dass du mir keine meiner Schwächen verdenkst.
Eine Sehnsucht nach deiner Zeit,
gemeinsam mit mir die Welt zu erörtern,
eine Sehnsucht nach Grübeleien zu zweit,
nach gemeinsamen Gedanken, gemeinsamen Wörtern.
Eine Sehnsucht nach mehr Gelassenheit
und dem Mut gemeinsam zu träumen,
eine Sehnsucht, trotz aller Verlassenheit
die eigene Angst mit Nähe zu säumen.
Eine Sehnsucht nach deiner streichelnden Hand,
die meine Faust nicht in die Tasche steckt,
eine Sehnsucht, die Gefühl und Verstand
auseinanderhält und zusammensteckt.
Eine Sehnsucht nach deiner Angst,
nach der schmerzenden Offenheit,
eine Sehnsucht, um die du bangst
in ehrlicher Betroffenheit.
Eine Sehnsucht, durch den Herbst zu spazieren,
philosophierend und dicht aneinandergerückt,
eine Sehnsucht, sich aneinander zu verlieren,
ohne die Angst, die gegen die Fesseln drückt.

Weiße Birkenbäumchen

Die weißen Birkenbäumchen meiner Kindheit
sind nicht gefällt, nicht verdorrt.
Sie sind noch genauso erhaben und stolz
und stehen noch immer am selben Ort,
noch immer drei Straßen und zwei Ecken weit
von meinem Elternhaus gelegen,
wachsen auf kahlen sandigen Hügeln
den gleißenden Sonnenstrahlen entgegen.
Die Luft ist trockener als noch vor Jahren,
als die Fabrikschlote kräftig rauchten.
Der verlassene Güterbahnhof erzählt traurig,
wie einst die Eisentiere hier fauchten.
Das waren die Geräusche meiner Kindheit,
das Donnern, wenn Container aufeinander prallten
und das leise Fluchen der Kollegen,
wenn sie die Fäuste in den Taschen ballten.
Noch immer haben sie die Hände in den Taschen,
auch wenn die Gründe heute andere sind.
die Augen sind müde, die Blicke matt,
und ihr Fluchen verhallt ungehört im Wind.
Hinter den weißen Birkenbäumchen
rosten die Container lautlos vor sich hin,
noch immer wartend auf den Abstellgleisen
zwischen Sinn und Widersinn.

Schokoladenballade

Ich bin in dich verliebt
wie in den Kakao meiner Lieblingsschokolade.
Ihr zarter Genuss ist so ungetrübt
wie die klagende Wehmut einer Ballade.
ein verführerischer Mantel umgibt den Kern
nussig-süßer Lieblichkeit,
tanzt auf der Zunge und lässt sich betörn
von der spielerischen Weiblichkeit.
Der angeregte Gaumen saugt in sich ein,
was beim Liebesspiel mit der Zunge zerrann
und löst sich nur ungern vom breiigen Wein,
den er unmöglich konservieren kann.
Was bleibt, ist die Sehnsucht erneut zu erleben
das Konzert dieser süßen Urgewaltigkeit,
wie Ebbe und Flut und ein riesiges Beben
mit der gnadenlosen Wucht ihrer Gleichzeitigkeit.

Was bliebe von diesem Schokoladengenuss,
hätte man den Kakao nicht dazu gesiebt?
Was bliebe von mir, von meinem Guss,
könnt ich nicht sagen:
ich hab dich lieb?

Atemzüge

So gern lausche ich schutzlos im Dunkeln
deinen gleichmäßigen Atemzügen,
wenn an der Sternenwand die Lichter funkeln
und sich die Erinnerungen durch meine Seele pflügen.

Ich spüre, wie du erleichtert den Tag ablegst
und dich wehrlos auf die Stille einlässt,
bis du dich irgendwann kaum noch regst,
und dein Körper hebt und senkt sich stark und fest.

Im Halbschlaf deckst du mich noch einmal zu,
ich genieße es fest an dich geschmiegt,
und lasse die Fürsorge milde lächelnd zu,
bis die Müdigkeit dich schließlich ganz besiegt.

Zärtlich umarmt wache ich noch lange
wohlig und geborgen neben dir,
bis auch ich irgendwann Wange an Wange
mich allmählich in meinen Träumen verlier.

Klabautermänner

I.

Der Kahn

Dumpf fräst sich der gemeinsame Kahn
orientierungslos durch die peitschenden Wellen.
Der Kapitän ignoriert den aufziehenden Orkan
und sperrt die Mahner wie Rebellen
unter Deck und hinter Schloss und Riegel.
Es darf nicht sein was Wirklichkeit ist.
Das modrige Wasser steigt weiter und am Flügel
spielt verzweifelt der Pianist.

Ungeniert schreit der Kapitän betrunken
dem Steuermann wirre Kommandos entgegen.
Bei Widerspruch wird lästig abgewunken,
arrogant, überheblich und unverlegen.
Ahnungsvoll nehmen die Dinge ihren Lauf,
niemand weiß, wohin die Fahrt gehen wird.
Am Horizont ziehen schwere Unwetter auf,
von der Schiffsführung eifrig ignoriert.

II.

Der Kapitän

Umgeben von Ratten steht er an Deck.
Sie reden ihm eilig und dumm nach dem Mund.
Er stinkt nach Whisky, Schweiß und Dreck
und seine glasigen Augen lachen ungesund.
Zitternd hebt er die Faust empor,
die linke – doch er macht es nicht richtig,
lange her, dass er darauf schwor,
Ideologien sind nur noch rhetorisch wichtig.

Betrunken schaut er aufs Meer hinaus,
ahnungslos wohin der Kurs sie führt.
Demonstrativ macht er sich nichts daraus,
weil er nur nach dem Posten giert.
Er will das Sagen haben, die Mannschaft schinden,
den Kurs angeben, auch wenn er ihn nicht kennt
und bei Schiffbruch als Erster verschwinden,
die Beiboote sind begehrt, wenn die Zeit verrennt.

III.

Die Mannschaft

Während die Schiffsführung Krawatten bindet
und mit gespreizten Fingern die Gläser hebt,
versucht die Mannschaft, die sich schindet,
den Kurs zu halten und lebt
in muffigen, stinkenden Kabinen,
auf Stroh gebettet und mit stets leerem Magen,
müde und unzufrieden die Mienen,
das Leben verwettet schon seit Tagen.

Die Meuterer sind aus Angst unter Deck
eingesperrt und scheinbar bezwungen,
leben dort im Rattendreck,
von den Eliten unfair niedergerungen.
Und während die Großen mit gespitzten Lippen
dem Pianisten weiterhin gute Laune abringen,
steuert der Kahn geradewegs in die Klippen
und die Mannschaft soll dazu singen.

IV.

Die Meuterei

Wurmzerfressen ist das Essen,
das der Schiffskoch den Matrosen vorsetzt,
während er den Kapitänen unangemessen
das Messer für frische Filetstücke wetzt.
Und aus den Wasserfässern winken
lockend die Cholerabazillen,
weil die Kapitäne Rotwein trinken,
muss die Mannschaft das Wasser abfüllen.

Entschlossen, nicht länger kleinlaut zu jammern,
sammeln sie sich trotz rasender Flut.
Noch fehlt der Schlüssel zu den Waffenkammern,
doch in ihren Herzen glimmt die Wut.
Lang unterdrückt zeigen sie keinerlei Gnaden
und setzen den Kapitän hinter Schloss und Riegel,
sie befreien die eingesperrten Kameraden
und den verzweifelten Pianisten am Flügel.

V.

Kursänderung

Nach der Macht zu greifen war ungeheuer,
doch die Kapitäne waren schnell abgesetzt.
Die den Kurs kannten, übernahmen das Steuer,
und die Segel wurden auf neue Fahrt gesetzt.
Nicht nur Steuermann und Maschinist
waren plötzlich frei zu denken,
auch Schiffskoch, Matrose und Pianist
mussten lernen, das Schiff zu lenken.

Die Kommandos wurden nicht mehr ungewollt
entgegengenommen und stumpf umgesetzt.
Sie kamen auch nicht mehr von dem Trunkenbold,
die langen Messer blieben ungewetzt.
Um fortan gemeinsam ans Ziel zu kommen,
saßen sie auch stolz als Mannschaft am Start,
in der jeder seinen Posten eingenommen
und sie segelten erfolgreich in freier Fahrt.

Schulter an Schulter

Da fehlt eine Kachel in meinem Ofen,
vorsichtig fast zaghaft gab ich dir,
als wir die Weingläser aneinander gestoßen,
das zerbrechliche Stück – einen Teil von mir.
ein funkelndes Loch klafft jetzt im Mosaik,
das so genormt und vollständig war
und erzählt – beinahe zärtlich – ein gutes Stück
von der Mittelmäßigkeit die mein Leben war.
Auf das übliche allgemeine Maß geeicht
hatt ich – so schien es – das Leben fest im Griff,
nie vor dem Wind zwar, aber manchmal vielleicht
im Hauch einer Ahnung, die ich begriff.

Jetzt brauch ich kein Licht mehr,
um die Farben zu sehen.
ich schreib kein Gedicht mehr,
um auf dem Regenbogen zu gehen.
Völlig unnötig sind all die Stufen,
um nach dem Sternenmeer zu greifen
und auch die blankgeputzten Kufen,
um im Eis mich einzuschleifen,
denn Schulter an Schulter scheint es leichter,
den Horizont der Unmöglichkeit zu erreichen,
um dort die Berge zu versetzen
und die Steine zu erweichen.

Mein kleines Bäumchen

Ich hab mir meine Wurzeln aus der Erde gedreht
und sie andern Ortes wieder eingepflanzt,
hab mich gewunden und dabei verdreht
und mir Löcher in die Seele gestanzt.
Mit dem eigenen Messer hab ich mir ins Holz geschnitten,
weil die Enge mich erdrückte,
weil ich eingezäunt gelitten
und beinahe an mir selbst erstickte.
Mutlos bin ich über die Mauern gestiegen,
die mich so lang schon nicht mehr schützten,
hab all die inneren Zweifel verschwiegen,
die mir unaufhörlich Narben in die Rinde ritzten.

Dabei habe ich das junge Bäumchen,
das in meinem Schatten gedieh, allein gelassen,
die dünnen Äste schon voller Pfläumchen,
bereit sich auf die Lebensstürme einzulassen.
Schützend hatte ich mein Blätterwerk gehalten,
als das zarte Grün aus der Erde schoss,
sah es wachsen, sah es sich entfalten,
sah wie ein Stämmchen erwuchs aus dem Spross.
Seine Früchte sind noch untrügerisch süß
und rein und klar das Blattgrün.
Weil ich mit den Mauern auch das Bäumchen verließ,
werden meine Äste wohl an den Spitzen verblühn.

Bordsteinkante

So viele Füße hat dieser Bordstein getragen,
abgetreten liegt er heute danieder.
So viel Staub ist von ihm emporgeschlagen
und an seinen Bruchstellen blüht der Flieder.

Leise erzählt er, wie ausgetretene Schuhe
allabendlich über die Straßen schlichen,
erzählt wie einst in nächtlicher Ruhe
Angst und Hörigkeit plötzlich wichen.

Das flackernde Licht wärmender Kerzen
trug Wut und Empörung über den Bordstein
und brannte ihnen Hoffnung in die Herzen
und den Wunsch nach Veränderung ins Bewusstsein.

Abgetreten liegt der Bordstein noch immer dort
und erzählt beinahe zärtlich von Vergangenheit,
wo der Zahn der Zeit sich immer fort
verliert in allmählicher Befangenheit.

Stillstand und Veränderung liegen zurück
und verweisen zugleich auf die Zukunft,
schweigend wird der Bordstein zum Mosaik
aus den Bildern alter und neuer Vernunft.

Immer weiter

Ein rauer Herbsttag tobt,
ungnädig pfeift mir der Wind um die Ohren.
Ich fühl mich schlapp, nicht stark,
daneben und irgendwie verloren.
Dazu der Regen,
der mich durchnässt,
verlegen
hoffe ich, dass mich der Mut nicht verlässt.

Sommernacht

Wenn das Glück einen Ort hat, an dem es wohnt,
dann muss es diese verwitterte Parkbank sein,
auf der wir in jener Sommernacht betont
zärtlich aneinander ertranken im Mondenschein.
Jenseits von Zeit und Raum
und ohne einander lang zu erklären,
versanken wir unterm Ahornbaum
umschlungen im gegenseitigen Begehren.

Um uns herum nur die Geräusche der Nacht,
ein plätschernder Fluss und ein leichter Wind,
Flüsternde Erregung, die sich unbedacht
steigerte - aufeinander abgestimmt.
Der berauschende Geruch nackter Haut
und ein zärtliches Streicheln an den heimlichsten Orten,
staunend einander anvertraut
in ehrlichen Berührungen und offenen Worten.

So klar und ehrlich wie die Sternennacht
waren auch wir für einen Augenblick vogelfrei
und herrlich naiv und unbedacht
wie die ersten Sonnenstrahlen im Mai.
Den Geschmack jener Nacht noch immer auf den Lippen
kann ich dir auch jetzt kaum näher sein,
ich möchte mit dir die felsigen Klippen
gemeinsam umschiffen und glücklich sein.

Gänseblümchen

Ein Gänseblümchen steht da am Wegrand,
noch gedeiht es im Schatten der Vielen,
wehrt sich schon tapfer gegen Wind und Sand
und lässt sich von den Sonnenstrahlen umspielen.

Stiel und Blätter sprießen mächtig
und erhaben aus dem Erdreich empor,
und selbstbewusst und farbenprächtig
lugt es aus dem Blumenmeer hervor.

Bedächtig und sanft noch wiegt es sich im Wind
und doch schon voller Selbstvertrauen,
und wagt es sorglos wie ein Kind
blinzelnd in die Welt zu schauen.

Ich wage das Pflänzchen nicht zu knicken
und einfach selbstsüchtig fort zu tragen,
doch ich werde es stets umsorgt überblicken
und ihm alle dunklen Wolken verjagen.

Ich werde sorgsam in der Ferne wachen
und jedes herannahende Unglück bezeugen,
werde mich ungnädig über jeden hermachen,
der wagt das kleine Pflänzchen zu beugen.

Weihnachtsmorgen

Die Sonne steht tief, doch sie brennt heiß
an diesem bitterkalten Weihnachtsmorgen,
verträumt und frierend stehe ich am Gleis
bereit mir einen Augenblick noch Zeit zu borgen,
um schweigend das Schauspiel zu betrachten
in all seiner Widersprüchlichkeit,
mich mit Eindrücken zu überfrachten,
die nichts weiter sind als Vergänglichkeit.
Noch hängt die Sonne schwer am Horizont,
die Strahlen wärmen mir das gefrorene Gesicht,
feuchte Nebelschleier entsteigen gekonnt
den Feldern und verfestigen sich dicht.
Berührt versuche ich das Bild zu fassen,
der Augenblick ist mir dazu genug,
Minuten später muss ich diesen Ort verlassen
und steige schweigend in den Zug.

Zwei Dutzend Trauerweiden

Schwerfällig standen die Trauerweiden
einst am Kanalufer meiner Kindheit,
traurig schön zierten sie bescheiden
den Ufersaum mit herber Bestimmtheit.

An den Rändern blühten Algenschwämme,
wenn die Sonne sie fürsorglich massierte,
und das Wasser schlug trotzig gegen die Stämme,
wenn ein Schiff den Uferrand passierte.

So oft bin ich diesen Weg gegangen,
das rauschende Wehr in den Ohren,
so oft erfreut, so oft mit Bangen,
doch immer an den Eigensinn der Weiden verloren.

Wenn ich heute den Weg noch einmal gehe,
dann werden alte Erinnerungen wach,
wenn ich gedankenversunken am Kanalbett stehe,
ziehe ich melanchoisch meinen Träumen nach.

Den Schotterweg gibt es längst nicht mehr,
grau asphaltiert ist, was einst grünte,
die Uferwiese steht lang schon leer,
Baumstümpfe, wo einst die Trauerweide blühte.

Und selbst das alte Schleusenhaus
steht mit leeren Fensteraugen da,
verlassen und müde, die Lichter lang aus,
trauriges Zeugnis von dem, was einst war.

Wohl vom Geist der Zeit abgeschlagen,
weint mit den Weiden niemand mehr offen,
doch wer nicht traurig sein kann und niedergeschlagen,
für den wird es auch schwer zu hoffen.

Einfach raus

Rastlos habe ich ihn stets gespürt,
diesen unnachgiebigen Drang nach Freiheit
oft leise nur, durch eine Ahnung geschürt,
nicht mehr als ein Schatten in der Dunkelheit.

Wieder und wieder höre ich mich sagen:
Vergiss alle Freiheitsgefühle
aus fernen Kindertagen,
stell dich nicht zwischen die Stühle.

Doch erhobenen Hauptes sah ich den Himmel
und sah dabei die Vögel fliegen,
fühlte mich eingesperrt im Alltagsgewimmel
und als Teil der genormten Riegen.

Niemals wollte ich mich den Zwängen beugen
und mich stromlinienförmig ducken,
sondern stattdessen die Sehnsucht erzeugen
und dem Alltag in die Suppe spucken.

Ungewöhnlich stark spüre ich die Sehnsucht,
und ich breche aus,
so lang blieb das unversucht,
doch heute muss ich raus.

Erster Schnee

Wenn in kalten Dezembernächten
vorsichtig der erste Schnee nieder fällt,
wenn aus zartbedeckten Schornsteinschächten
weißes Rauchzeichen sich dazugesellt,
wenn man nicht traut sich zu bewegen
und staunend nur das Naturschauspiel
betrachten kann, wie es verwegen
sich einschneit in des Winters Ziel,
dann schlägt das eigene Herz plötzlich gelassen,
beruhigt durch die Friedfertigkeit der Natur,
dann die Kriege der Welt noch zu fassen,
scheint unmöglich – wenn auch für den Augenblick nur.

Ode an den Eigensinn

Erinnerst du dich noch an die kurze Nacht,
in der wir uns wie Diebe in die Zweisamkeit stahlen?
Wir haben uns zum ersten mal geliebt und gedacht,
wie wunderschön wir aneinander erstrahlen.
Eng umschlungen lagen wir nackt beieinander,
durch unsere vorsichtigen Küsse warm zugedeckt
und haben dabei verspielt aneinander
staunend unsere Liebe zu Orpheus entdeckt.

Ahnungsvoll flüsterte ich in die Stille
die Angst vor unserem ersten Streit,
weil ich zu oft erlebt habe, wie dein Wille
festgefahren war in Kompromisslosigkeit.
Ich habe zu oft erlebt, wie dein Eigensinn
sich auch gegen die eigenen Freunde lenkte,
manchmal folgt auf den Rückzug ein Neubeginn
auch wenn sich der Eigensinn steif verrenkte.

Ich liebe dich, weil du bist, wie du bist,
jedes Fältchen an dir und dein lichtes Haar
und weil ich begreife, dass diese Schwäche Stärke ist,
weil sie dich unbeirrbar macht und offenbar.
Mit jeder Faser liebe ich deine Unbeugsamkeit,
deinen Trotz vor allen Widerständen,
ich liebe deinen Stolz und die Geradlinigkeit,
dich niemals vorschnell von dir abzuwenden.

Und doch leide ich an deinem Eigensinn,
der sich manchmal ungerecht gegen mich richtet,
denn auch ich bin nun mal, wie ich bin,
vor dem Mosaik meiner Erfahrungen abgelichtet.
Und so fühle ich mich oft zurückgewiesen,
wenn ich doch eigentlich nur reden will,
das Maß deiner Dinge scheint erwiesen,
und dann schweige ich ganz still.

Verbleibe in mir, zurückgezogen,
zu stolz mein Unbehagen zuzugeben,
denn auch ich will auf meine Art unverbogen
und trotzig den Weg zu mir selbst erleben.
Mag sein, dass meine Verschlossenheit
dich mit ganzer Wucht vor den Kopf stößt,
mag sein, dass auch meine Betroffenheit
unsere Widersprüche nicht auflöst.

Und so bleibt mir nur einmal auszusprechen,
wie ohnmächtig und hilflos ich manchmal bin,
ahne voller Angst unser Glück zerbrechen
an deinem und meinem Eigensinn,
an unserem Stolz, der ineinander verschoben
und dadurch verkantet und unbeweglich,
wir halten die Stirn auch beieinander erhoben
und streiten dabei unerträglich.

Vielleicht müssen wir beide nur anerkennen,
dass wir auf sehr unterschiedliche Weise
Trotz und Eigensinn für uns benennen,
du stets frontal, ich eher leise.
Wir müssen auch künftig aneinander ecken,
doch nur wenn wir das unverletzt überstehen,
können wir uns beide in die Höhe recken,
statt aneinander zu Grunde zu gehen.

So lass uns erinnern an die kurze Nacht,
in der wir uns wie Diebe in die Zweisamkeit stahlen,
in der wir uns zum ersten Mal geliebt und gedacht,
wie wunderschön wir aneinander erstrahlen.
Eng umschlungen lagen wir nackt beieinander,
durch unsere vorsichtigen Küsse warm zugedeckt
und haben dabei verspielt aneinander
staunend unsere Liebe zu Orpheus entdeckt.

Parkbankgespräch

Müde vom Laufen suche ich Rast
auf jener verwitterten Parkbank,
möchte für den Augenblick nur als Gast
mich stärken an Speis und Trank.

Das Licht bricht sich warm auf der offenen Lichtung,
zurückgelehnt genieße ich die Ruh.
Eilig kommst du aus der anderen Richtung
und setzt dich ermattet dazu.

Wir plaudern und staunen übereinander
und halten uns schließlich bei den Händen,
sind in so kurzer Zeit so nah beieinander
und ohne Lust das Gespräch zu beenden.

Und dennoch liegen zwanzig lange Jahre
an Wanderschaft zwischen dir und mir,
ein Vorsprung und ich bewahre
mir jugendliche Ungeduld dafür.

Doch eines Tages müssen wir weiter,
ich nach vorn und du zurück.
Ohne Tränen sollten wir uns heiter
erinnern an dieses wunderbare Glück.

Einsamkeit zu zweit

Ich frage mich, steht deine Tür noch offen?
Denn seltener lässt du dich in mir blicken,
ich ahne nur und wage doch zu hoffen
und seh mich Grußkarten an dich verschicken.
Lang her ist die Romantik unter Kerzen,
tiefe Gespräche machten die Seele weit,
und nun bricht jeder Streit mir Stücke aus dem Herzen
und die Abende werden einsamer trotz Zweisamkeit.
Neue Möbel holst du inzwischen allein,
fragst nicht mal mehr nach meinen Worten.
Halbherzig bittest du mich herein,
um dich ungehalten zu verorten.
Das Glück verdorrt vor unseren Augen,
wenn wir nicht angestrengt gemeinsam gießen.
Schroffe Sprachlosigkeit wird nicht viel taugen,
weil Unbehaglichkeiten ungesagt verfließen.

Geboren am 13. August

Verwegen lacht mir das Buch entgegen,
das alle Zerrissenheit bereits im Titel trägt,
und beim Lesen erkenne ich unwillkürlich
wie jede Zeile an meiner Erinnerung regt.

Ein paar Jahre und ein paar Tage später nur
wurde auch ich in diesem Land geboren,
im gleichen verhängnisvollen Monat August,
in dem sich Träume hinter Mauern verloren.

Zeile um Zeile wird schonungslos
das Ringen mit den Widersprüchen beschrieben,
zwischen dem Maß aller Dinge, dem eigenen Anspruch
und enttäuschenden Erfahrungen zerrieben.

Innerlich zerrissen im persönlichen Duell
mit der eigenen Geschichte und Vergangenheit
lindern die Zeilen Schmerzen und Wunden
und lösen die eigene Befangenheit.

Was bleibt ist ein schaler Nachgeschmack,
denn auch ich hänge lose in der Zeit.
Durch die Gnade der späten Geburt davongekommen,
Später geboren bin ich zwar davongekommen,
doch zwischen den Stühlen der Geschichte eingekeilt.

Salziger Geruch

Mein Leben pendelt zwischen zwei Orten,
ich sehe die Klarheit vor meinen Augen verschwimmen,
suche angestrengt nach tröstenden Worten,
ahne mich den Gipfel meiner Ängste erklimmen.
Ich ducke mich matt, ich hebe das Haupt,
was bleibt, ist dieser ständige Widerspruch,
der sich unerbittlich in meine Seele schraubt.
Und ich schmecke den salzigen Geruch
auf deiner und auf meiner Haut,
und allmählich erahne ich die Schwingen.
Das Leben ist lang noch nicht ergraut,
und ich will endlich die Ängste bezwingen.

Wonne

Komm liebe mich an diesem alten Eichenbaum
im Stehen und in aller Leidenschaft.
Was dich zurückhält, beachte bitte kaum
und küsse, streichle, liebe mich nur sagenhaft.
Sei für einen Augenblick in mir verfangen,
wage es, mich dabei anzublicken
und schreib mit deinen Küssen dein Verlangen
ganz zärtlich mir auf Hals und Rücken.
Und reibe deinen heißen Unterleib
mit Wonne zwischen meinen Beinen
und liebe mich, ich bin dein Weib
und vollherzig bereit mich zu vereinen.

Sprungtuchrest

Manchmal schmeckt das Leben schal,
wenn dich ganz der Mut verlässt,
manchmal ist der Grund banal,
wenn du allein vom Podest
springen musst – dann ists egal,
ob und wo der Sprungtuchrest
hängt, denn allein die Qual
besteht, weil man dich springen lässt.
Und dann wünschtest du, einmal
hielte man dich einfach fest,
denn dann hättest du die Wahl:
springen in den Sprungtuchrest.

Ungesagt

Ich werde das Gefühl nicht los,
dass wir schweigend voneinander lassen.
In meinem Halse schwillt ein dicker Kloß,
weil es nicht gelingt, das Glück neu einzufassen.
Beim Reden sparen wir die wichtgen Dinge aus,
statt tief einander uns ins Herz zu blicken,
wir wühlen nicht, wir holen nichts heraus,
und geben uns zufrieden mit den Bruchstücken.
So bleibt das Unbehagen ungesagt
und drückt sich schwer auf jene zarte Pflanze.
die Schmerzen dabei bleiben unerfragt
und unsere Liebe wird zur sachlichen Romanze.

Unser Herbst

Das ist unser Herbst, der da vergeht,
lang war die Spätsommerluft noch zu spüren,
über den leeren Platz wird ein Blatt geweht,
während die Zugvögel ihre Bündel schnüren.

Die roten Kürbisse haben wir gemeinsam
in den Schrebergärten reifen sehen,
auch die Apfelbäume haben wir nicht länger einsam
beladen in den Alleen stehen sehen.

Nun verliert sich die Farbenpracht allmählich,
auf den Dächern nur aufgebrachter Streit,
und aus dem ausfransenden Blätterkleid schält sich
mit Nebel und Frost die Winterzeit.

Die Stürme fegen über uns hinweg,
ungemütlich wird es um uns herum,
der Winter bringt sein Tischgedeck
und auf den Dächern wird es stumm.

Wir müssen nun dichter aneinander rücken,
hart wird der Winter uns prüfen,
die Kältelöcher müssen wir gemeinsam flicken,
unsere Liebe wird scheitern oder sich weiter vertiefen.

Zahnlose Ungeduld

Erloschene Herzen winden sich
in steinkaltem Unigemäuer,
berühren, verführen und rühren sich nicht,
nicht mehr – angekommen im heuer.
Vergessen sind die roten Jahre der Schlacht
gegen Notstandsknüppel und Eliten,
feige die Faust wieder aufgemacht,
kein Grund mehr, sie zu verbieten.
Vergessen sind Rudi und der heiße Mai,
vergessen die Barrikaden,
erloschen die Wut auf die Springer-Druckerei,
repariert der Schaufensterschaden.
Enttäuscht ins Korn gehauen die Flinte,
die weg schoss den Muff von tausend Jahren,
Situation ist Schicksal,
Rebellion eine Finte,
stöhnen sie unter verstaubten Talaren.
Nun haben sie die Zeit, die ihnen damals fehlte,
als der Kampf der Klasse dauerte,
die Ungeduld zahnlos die Ufer zählte
und man Visionen einfach vermauerte.
Also pinseln sie eifrig in die Seiten,
altlastenbeladen und tränenblind
für die sprengende Kraft heranbrechender Zeiten
und diskutieren nur, was die großen Probleme sind.

Deine Falten

Die tiefen Falten in deinem Gesicht
erzählen stumm deine Geschichten,
sie bewegen sich zärtlich, sie lügen nicht,
sie prahlen, sie lachen, sie richten.

Da sind die Fältchen, die deine Augen umspielen,
wenn der Schalk sich in dein Lächeln schleicht
und wenn die Selbstironie die vielen
Facetten deines Gesichtes erweicht.
Wie ein Faltenfächer ziehen sie sich
liebevoll um Augen und Brauen,
wie eingemeißelt in deinem Gesicht,
gewinnend und voller Selbstvertrauen.

Genauso wie die zwei kleinen Spalten,
die sich links und rechts in deine Wangen graben,
sich voll Selbstüberschätzung entfalten
und gutmütig über dein Gesicht jagen.
Ein ums andere mal wirken sie ertappt,
werden Hohn und Spott überraschend aufgedeckt,
dann wieder gespielt eingeschnappt
und vor scheinbarer Empörung aufgeschreckt.

Dann sind da noch die tiefen, reifen
Furchen, die sich über deine Stirne ziehen,
die in aller Nachdenklichkeit die Welt begreifen
und auf denen manchmal Zorn und Verachtung blühen.
Beinahe stolz erzählen sie von Ehrlichkeit,
die kompromisslos zum Maß aller Dinge wird,
voller Verachtung für jede Begehrlichkeit,
stolz, kühn und unbeirrt.

Und schließlich beinahe einer Narbe gleich
die markante Kerbe quer übers Kinn,
manchmal so hart, manchmal unendlich weich
und immer fragend nach Sinn und Widersinn.

Zurück

Bäume ziehn an mir vorbei,
mehr und mehr Gedankenlosigkeit,
egal, alles einerlei –
ein Hauch von fremder Vertrautheit,
zurück liegt die Stadt,
zurück liegst du,
zurück die ganze Gefühlsduselei,
ich flüchte – wie auch du –
und Bäume ziehn an mir vorbei.

Zugeknöpft

Ich wollte dir die Narben auf meiner Seele zeigen,
doch mein Kleid war bis oben hin zugeknöpft,
wollte nichts verbergen, nichts verschweigen,
wollte reden, bis wir erschöpft
zusammengesunken einander vereinten,
weil wir uns in alle Geheimnisse eingeweiht,
bis wir wie selbstverständlich meinten,
dass kein Sturm, kein Taifun uns je entzweit.

Doch meine Worte blieben stimmlos,
als ich sie vorsichtig mit den Lippen formte,
jeder Versuch erschien mir sinnlos,
als ich mühsam meine Gefühle normte.
Vor Ohnmacht rannen mir die Tränen
über das vor Wut glühende Gesicht,
ich wollte dich lieben, wollte mich sehnen
und brachte es doch nur zu diesem Gedicht.

Vielleicht ist manch alte Wunde zu tief
und auch noch nicht richtig ausgeheilt,
vielleicht sitzt mein Herz vor Angst ganz schief,
vielleicht hat es sich ganz tief abgeseilt,
vielleicht habe ich Angst, nackt vor dir zu stehn,
während du dich in feine Stoffe hüllst,
vielleicht habe ich Angst, dass du aus versehen
daneben packst, wenn du durch meine Seele wühlst.

Vielleicht ist es mein Stolz offen zuzugeben,
eigentlich doch schwach und hilflos zu sein,
vielleicht will ich einfach nur nicht erleben,
dass Zerrissenheiten noch einmal gedeihn.
Ich weiß nicht, welche jener Möglichkeiten
mir so plötzlich die Stimme nahm,
welche meiner Unzulänglichkeiten
mich flügellos machte, krank und lahm.

Ich weiß nur:
Ich will dir die Narben auf meiner Seele zeigen,
und ist mein Kleid auch bis oben hin zugeknöpft,
will ich nichts verbergen, nichts verschweigen,
will reden bis wir erschöpft
zusammengesunken einander vereinen,
weil wir uns in alle Geheimnisse eingeweiht,
bis wir wie selbstverständlich voneinander meinen,
dass kein Sturm, kein Taifun uns je entzweit.

Meine Stimme scheint immer noch eingesperrt
in dem Garten unserer Eitelkeiten,
der Schlüssel steckt von innen, der Eingang bleibt verwehrt
durch das Gefühlschaos persönlicher Eigenheiten.
Er lässt sich nur aufschließen, wenn wir gemeinsam
einander die Gebärdensprache lehren,
wenn wir zuhören und verstehen
und uns gegen die Sprachlosigkeit wehren.

Ich gehe

Es tut so weh, mein Bündel zu nehmen
und hinter uns die Tür zu schließen.
Es tut so weh, im Einvernehmen
gradzustehen und zu beschließen,
den neuen Weg allein zu gehen
und weit hinter uns zu lassen,
was unbemerkt und ungesehen
entstand und uns neu einzufassen.

Viel zu schön war jeder Augenblick,
mit schweren Umbrüchen bezahlt,
viel zu schön und nah am Glück,
was in Zweisamkeit gemalt.
Wie ungewohnt die Nähe war
und schön, sich darin auszuhalten,
Verstehen, das zuvor so rar,
nun reichlich und nicht aufzuhalten.

So stürzte ich ins Wohlbefinden,
wenn ich schutzlos vor dir stand,
und begann neu aufzubinden
das verfilzte Knotenband.
Wehrlos war ich und ganz weiblich
und ich genoss dies zuzugeben
und so begann ich unbeschreiblich
in meiner Schwäche aufzuleben.

Nun liegt die Klinke in der Hand,
es fällt schwer sie loszulassen,
was an wunderbarem zwischen uns bestand,
wird nicht in neue Formen passen.
Und so lassen wir zurück,
bevor ganz schal wird in der Ferne,
jeden schönen Augenblick
und erinnern uns so gerne.

Vergänglichkeit

Man badet nicht zweimal im selben Fluss,
jede Sekunde ist vergänglich,
ob erfreut oder mit Verdruss,
das macht den Augenblick unzulänglich.
Gleich bleibt nur die Gewissheit,
dass alles anders werden wird.
Nichts ist wie es bleibt
und was nicht bleibt, das wird.

Wenn es weh tut

Wenn es weh tut,
dann waren unsere Küsse ehrlich
und jede Berührung offenbar,
jede Tarnung war entbehrlich
und wir lagen nackt und offen da.

Wenn es weh tut,
dann war es nicht nur flüchtig,
dann haben wir uns ganz gespürt,
dann haben wir uns richtig
und nicht nur leicht berührt.

Wenn es weh tut,
dann hatten wir die Augen offen
beim gegenseitigen Betrachten,
und wir spürten uns betroffen,
wenn wir miteinander lachten.

Wenn es weh tut,
dann glimmte bis zum Schluss die Glut
und länger als nur für den Augenblick,
dann fassten wir tatsächlich aneinander Mut
und waren ganz nah dran am Glück.

Wenn es weh tut,
dann waren unsere Herzen eng verbunden
und unsere Liebe endlich unbeschwert,
und dann haben wir unumwunden
auseinander gerissen, was zusammengehört.

Selbst entschieden

Ich bin kein wehrloses Blatt im Wind,
kein Tropfen, der gegen die Scheibe schlägt,
keine Welle, die sich geschwind
und angetrieben nur bewegt.
Ich bin kein Schrei, der je erstirbt,
wenn der Rufer plötzlich schweigt,
bin kein Licht, das um sich wirbt,
solange sich die Sonne zeigt.
Ich bin kein Buch, das vor sich hin staubt
und ungelesen liegen bleibt,
bin kein Wort, das unerlaubt
verschwiegen und verborgen bleibt.

Vielmehr hab ich selbst beschlossen,
einen anderen Weg zu gehen,
hab mit Mut mich unverdrossen
nach mir selber umgesehen.
Schmerzhaft hab ich mich verrenkt
und unter mir gelitten,
doch ich habe selbst gelenkt
und die Angst bestritten.
Dabei hab ich laut gerungen
und die Selbstzweifel gemieden,
die eigene Ohnmacht doch bezwungen
und mich schließlich selbst entschieden.

Abschied vom Apfelbaum

Nun verlasse ich auch den Garten,
in dem mein wilder Apfelbaum wohnt,
noch immer liebe ich, wenn der Frühling die zarten
Knospen an seinen knorrigen Ästen belohnt.

Noch immer bin ich unsterblich verliebt,
wenn der Morgentau seine Blätter benetzt
und die Sonne sich über den Gartenzaun schiebt
und ihn warm einhüllt bis zuletzt.

So gern würd ich den wilden Apfelbaum
einfach ausgraben und mit mir nehmen,
doch einen alten wild wachsenden Baum
entwurzelt man nicht im Einvernehmen.

Ein letztes Mal gehe ich den Gartenpfad,
ehe ich das quietschende Holztor schließe,
in meinen Händen halte ich sein Blatt,
das ich zu pressen beschließe...

Inhalt